BEI GRIN MACHT SICH IHR
WISSEN BEZAHLT

- Wir veröffentlichen Ihre Hausarbeit,
  Bachelor- und Masterarbeit

- Ihr eigenes eBook und Buch -
  weltweit in allen wichtigen Shops

- Verdienen Sie an jedem Verkauf

Jetzt bei www.GRIN.com hochladen
und kostenlos publizieren

Bibliografische Information der Deutschen Nationalbibliothek:

Die Deutsche Bibliothek verzeichnet diese Publikation in der Deutschen National-
bibliografie; detaillierte bibliografische Daten sind im Internet über http://dnb.d-
nb.de/ abrufbar.

Impressum:

Copyright © 2018 GRIN Verlag
Druck und Bindung: Books on Demand GmbH, Norderstedt Germany
ISBN: 9783668909472

Dieses Buch bei GRIN:

https://www.grin.com/document/458711

Jacob Ricking

Rhetorik als politisches Mittel. Überzeugungskraft oder Manipulation?

GRIN Verlag

GRIN - Your knowledge has value

Der GRIN Verlag publiziert seit 1998 wissenschaftliche Arbeiten von Studenten, Hochschullehrern und anderen Akademikern als eBook und gedrucktes Buch. Die Verlagswebsite www.grin.com ist die ideale Plattform zur Veröffentlichung von Hausarbeiten, Abschlussarbeiten, wissenschaftlichen Aufsätzen, Dissertationen und Fachbüchern.

Besuchen Sie uns im Internet:

http://www.grin.com/

http://www.facebook.com/grincom

http://www.twitter.com/grin_com

Thema:
Rhetorik als politisches Mittel –
Überzeugungskraft oder Manipulation?

Kurs:

Jacob Ricking

2017/2018

Ausgabetermin der Facharbeit: 09.01.2018

Abgabetermin der Facharbeit: 20.02.2018

Inhaltverzeichnis

1 Einleitung

Heute werden in jeder politischen Rede bestimmte Mittel genutzt, um den Zuhörer zu überzeugen, auch wenn wir es gar nicht wahrnehmen. Gerade in einer Zeit in der bestimmte Politiker oder ganze Partei Inhalte oft sehr populistisch verbreiten, hat die Rhetorik eine große Bedeutung im politischen Sprachgebrauch.

Platon bezeichnete die Rhetorik als „magisch-verführerische Kunst der Wahrheits-manipulation" (Schnyder 1999). Auch heute werden Politiker eigens geschult, um den Zuhörer von sich zu überzeugen, indem Wissen, Werte, Einstellungen und Gefühle genutzt werden, um den Willen des Zuhörers durch das gesprochene Wort zu gewinnen (vgl. Grieswelle 1978).

In dieser Facharbeit soll untersucht werden, ob Platons These zutrifft und die Rhetorik im politischen Sprachgebrauch ein Instrument der Manipulation ist.

Um Platons These zu überprüfen werden Antrittsreden von Donald Trump und Barack Obama dienen, die vor dem Hintergrund der Manipulation von rhetorischen Mitteln analysiert werden. Zusätzlich soll darauf eingegangen werden, ob sich die linguistischen Eigenschaften beider Redner unterscheiden, um eine von ihnen gewählte Zielgruppe zu bestimmen. Darüber hinaus soll versucht werden, bestimmte rhetorische Mittel einer Zielgruppe zuzuordnen.

Im ersten Kapitel soll die Definition der Rhetorik geklärt und zudem rhetorische Mittel vorgestellt werden. Daraufhin wird die Bedeutsamkeit der Rhetorik in politischen Reden thematisiert. Um die Manipulation später von der Überzeugung zu unterscheiden wird versucht, eine Abgrenzung zwischen beiden Begriffen zu finden. Daraufhin soll die Bernstein-Hypothese vorgestellt werden, damit eine Aussage über die Zielgruppe der beiden Redner getroffen werden kann. In den Kapiteln 4 bis 4.2 werden die beiden Antrittsreden von Trump und Obama vor dem Hintergrund gleicher Aspekte analysiert. Im fünften Kapitel sollen schließlich die Ergebnisse erläutert und die beiden Reden verglichen werden.

2 Definition Rhetorik

Der Begriff der Rhetorik leitet sich aus dem Altgriechischen ab und bedeutet „Redekunst" (vgl. Pöhm o.J.). Der Ursprung der Rhetorik liegt in der Antike, als die Rhetorik als Schlichtungswerkzeug in Rechtsstreitigkeiten benutzt wurde und der Recht zugesprochen bekam, der den Richter am besten von sich überzeugen konnte (vgl. Rhetorikpirat o.J.). Sogar schon in der griechischen Antike war die Rhetorik Bestandteil der höheren Bildung, die von Rhetorikern wie Isokratis, Aristotelis und Platon gelehrt wurden (vgl. Zur Geschichte der Rhetorik o.J.).

Aristotelis war auch der erste, der als Platons Schüler die Rhetorik in die Theorie der Argumentation (argumentio) und in die der Sachverhalte (narratio) teilte und rhetorische Mittel mit politischen Reden verband (vgl. Bachem 1994). Im Mittelalter ging jedoch die antike Rhetorik aufgrund der neuen sozialen- und politischen Verhältnisse verloren (vgl. Zur Geschichte der Rhetorik o.J.). Erst in der Renaissance wurde sie wieder gehäuft verwendet und verbreitete sich nach (vgl. ebd.).

In der modernen Zeit ist die Rhetorik fast in alle Gebieten unseres Lebens vorgedrungen ohne, dass viele es wirklich merken. Der Journalismus ebenso wie alle anderen Bereiche der Massenmedien sind von ihr betroffen (vgl. ebd.). Den größten Wirkungsbereich hat die Rhetorik heute aber in der Politik, da besonders Politiker die Zuhörer von sich überzeugen müssen, um bei Wahlen zu gewinnen.

Die Funktionsweise der Rhetorik bezieht sich meist auf die vom Redner gewollte Meinungsänderung und ein damit verbundenes gewolltes Verhalten des Zuhörers (vgl. Grieswelle 1978). Rhetorische Mittel sind damit meistens dafür verantwortlich, Sachverhalte dem Zuhörer einprägsam zu machen, bestimmte Gefühle hervorzurufen oder Thematik drastischer beziehungsweise verschönert darzustellen. Der Redner muss dabei seine kommunikativen Inhalte und seine Redeweise an den Zuhörer anpassen, um den gewünschten Effekt zu erzielen. Im Folgenden werden bestimmte rhetorische Mittel vorstellt.

Rhetorische Mittel:

Allegorie:

Die Allegorie ist eine bildliche Darstellung und soll beim Zuhörer ein bestimmtes Bild erzeugen, um abstrakte aber auch konkrete Thematiken besser folgen zu können. Das erzeugte Bild steht dann für ein Symbol (vgl. Rhetorikpirat o.J.).

Alliteration:

Die Alliteration besteht aus mehreren hintereinander folgenden Wörtern die mit der gleichen Klang beginnen. Der Zuhörer kann die Thematik besser verinnerlichen und merkt sie sich länger (vgl. ebd.)

Antithese:

Eine verneinte These stellt eine Antithese dar. Diese wird meistens verwendet, um zuvor gesagte Thesen zu entwerten. Zudem können Satzteile gegenübergestellt werden, die sich einander widersprechen (vgl. ebd.).

Anapher:

Bei der Anapher beginnen mehrere Sätze oder Satzteile mit demselben Wort oder denselben Wörtern. Dies hilft dem Publikum, das Gesagte besser zu verinnerlichen und macht es bedeutsamer (vgl. ebd.).

Euphemismus:

Der Euphemismus wird verwendet, um bestimmte Thematiken mit Synonymen beschönigend darzustellen. So lassen sie sich besser anhören und unwichtiger erscheinen. Zudem sollen mit dem Euphemismus abschreckende Wörter vermieden werden (vgl. ebd.).

Dysphemismus:

Der Dysphemismus stellt das Gegenteil zum Euphemismus dar. Sachverhalte werden übertrieben negativ dargestellt. Überdies werden oft Wörter verwendet, mit denen der Zuhörer eine negative Assoziation verbindet (vgl. ebd.)

Metapher:

Metaphern sollen eine Thematik bildhaft beschreiben, die kein eigenes Wort hat. Dabei dienen Dinge, die aus einem anderen Kontext kommen, um sich die Thematik besser vorstellen und merken zu können (vgl. ebd.)

Rhetorische Frage:

Eine rhetorische Frage ist in sich geschlossen und hat eine offensichtliche Antwort. Diese Frage dient nicht dazu, dem Zuhörer neue Erkenntnisse zu vermitteln, sondern ihn an eine offensichtliche Thematik zu erinnern. Das Publikum kann so leichter von einem Standpunkt überzeugt werden (vgl. ebd.).

Schlüsselwörter:

In einer politischen Rede dienen bestimmte Wörter als Vermittler positiver Emotionen und Werte. So lassen uns Wörter wie Freiheit, Demokratie und Gerechtigkeit das Gesagte in einen positiven Kontext erscheinen.

Ebenso können Wörter wie Unfreiheit und Tyrannei ein negatives Bild erzeugen und werden oft mit politischen Gegnern in Zusammenhang gebracht (vgl. Zimmermann 2013).

Wir-Gruppe:

Das Personalpronomen „wir" wird in einer politischen Rede sehr häufig verwendet um beim Zuhörer ein Gemeinschaftsgefühl zu erwirken. Zudem lädt es ihn ein, sich mit der Thematik und dem Redner zu identifizieren (vgl. ebd.).

3 Die Rhetorik im Rahmen von politischen Reden

Die Politik gilt heutzutage als der größte Rahmen für die Verwendung der Rhetorik. Eine politische Rede ist meist eine vorbereitete mündliche Rede, die in der Regel an eine Zuhörerschaft gerichtet ist. Für den Redner gibt es zudem wertvolle Informationen, die für seine Rede wichtig sind. Eine große Bedeutung für den Redner haben besonders die gegebene Situation (z.B. Trauerrede), der Wissensstand, die Wertvorstellung und die Erwartung der Zuhörer an die Rede, um diese auf das Publikum abzustimmen (vgl. Grieswelle 1978), da diese Voraussetzungen die Schlussfolgerungen des Publikums maßgebend beeinflussen (vgl. Bachem 1994). Die möglichen Ebenen für den Redner, das Publikum zu überzeugen, setzen sich aus dem Inhalt, der Rhetorik und der nonverbalen Botschaft zusammen (vgl. ebd.). Die Wirkung einer Rede kann durch die nonverbale Botschaft unterstützt werden, indem die Botschaft der Rede durch eine äußerliche Inszenierung verstärkt wird (vgl. ebd.). Für die Rede bedeutender aber sind neben dem Inhalt die Formulierung und die Nutzung der Rhetorik. So nimmt der Zuhörer eine wörtliche und eine indirekte Mitteilung auf, die durch Schlussfolgerungen des Zuhörers aufgrund seines Wissensstandes verstanden werden können (vgl. ebd.). Dies ermöglicht dem Redner mithilfe eines rhetorischen Mittels, eine bestimmte indirekte Wirkung zu erzielen, und diese später zu dementieren, falls diese eine Kontroverse auslöst (vgl. ebd.). Durch das Zusammenspiel der wörtlichen und indirekten Mitteilungen versucht der Redner, das Publikum von seiner Meinung zu überzeugen, sich selbst besser darzustellen oder den politischen Gegner anzuprangern. Dabei besteht die Gefahr, die Zuhörer nicht mehr durch sachliche Argumentation zu überzeugen, sondern auch durch Manipulation für sich zu gewinnen.

3.1 Abgrenzung von Manipulation und Überzeugung

„Als Manipulation bezeichnet [man] die gezielte und verdeckte Einflussnahme auf das Erleben und Verhalten eines einzelnen Menschen oder einer Gruppe [...], wobei Manipulation zwischen Zwang und Überzeugung liegt" (Strangl 2015). Die Voraussetzung für die Manipulation im politischen Rahmen ist zudem die „Wählerlenkung und die Erforschung der Absatzaussichten durch [...] hochentwickelte Meinungsforschung" (Drechsler 2013).

Die Grundlage der Manipulation besteht also ebenso wie eine rein argumentio- und narratio- Rede aus den gegebenen Informationen über die Zuhörerschaft, weshalb eine klare Abtrennung zwischen Überzeugung und Manipulation nicht immer möglich ist. Trotzdem versuche ich für meine Arbeit eine Abgrenzung zu finden. Eine eindeutige Manipulation stellt der Gebrauch von bestimmten rhetorischen Mittel wie der Euphemismus dar, da Thematiken, die negative Folgen für den Redner haben könnten beschönigt dargestellt werden, um dem Leser ein besseres Bild zu vermitteln oder eigene Fehler zu vertuschen. Ähnliche Wirkungen haben der Dysphemismus und die Metapher. Zudem kann die Metapher ebenfalls dazu benutzt werden, den Zuhörer emotional zu berühren, um ihn so offener gegenüber der Intention des Redners zu machen. Aber auch die versteckte

Einflussnahme durch das Ansprechen einer emotionalen Ebene oder das Erzeugen eines starken positiven Gefühls zugunsten des Redners halte ich für manipulativ. In Abgrenzung dazu wird jemand überzeugt, wenn er klare Fakten aufgezeigt bekommt und so mit der Nutzung seines Verstandes zu einer Entscheidung kommt, die mit der des Redners übereinstimmt. Als ein typisches rhetorisches Mittel der Überzeugung kann die Antithese genannt werden. Diese entwertet auf einer argumentativen Grundlage die These eines anderen. Das Publikum kann mit einfacher Schlussfolgerungen die Wahrheit des Gesagten erkennen und sich überzeugen lassen. Als ein Höhepunkt der Manipulation in der deutschen Politik gilt der Germanistiktag 1984 in Passau, als die zwei hochrangigen Politiker P. Glotz (SPD) und H. Geißler (CDU) „ sich gegenseitig Mythenbildung und systematische Manipulation vorwarfen" (Bachem 1994).

3.2 Die Anpassung des politischen Sprachgebrauchs an die Zielgruppe - Die Bernstein-Hypothese

Um aufgrund der Sprache des Redners Rückschlüsse auf dessen politische Zielgruppe zu tätigen, muss dafür klargestellt werden, welche linguistischen Eigenschaften eine bestimmte Zielgruppe mehr ansprechen als eine andere. Als Grundlage dafür wird die Bernstein-Hypothese dienen. Sie wurde 1958 vom Amerikaner Basil Bernstein entwickelt und behandelt den spezifischen Sprachgebrauch unterschiedlicher sozialer Schichten (vgl. Ernst 2004). Nach Bernstein würde sich der allgemeine Sprachgebrauch der Ober- und Mittelschicht einer Gesellschaft von der, der Unterschicht unterscheiden (vgl. ebd.). Die zwei Varianten teilt Bernstein in den elaborierten Code als den Sprachgebrauch der Mittel- und Oberschicht und in den restringierten Code der Unterschicht (vgl. ebd.). Bernstein begründet diese Hypothese mit der engen Verknüpfung von sozialen Strukturen einer Gesellschaft mit dem Sprachgebrauch der Angehörigen (vgl. ebd.). Der elaborierte Code zeichnet sich durch den häufigen Gebrauch von Fremdwörtern, des Passivums und den unpersönlichen Pronomen „man" und „er" aus (Bernstein-Hypothese o.J.). Zudem sind Sätze meist länger, sehr explizit, grammatikalisch korrekt und argumentativ strukturiert formuliert (vgl. ebd.). Der Sprachgebrauch des restringierten Codes dagegen, zeichnet sich durch die begrenzte Anzahl von Adjektiven und Adverbien, der oft persönlichen Sprechweise und der kurzen, grammatikalisch einfachen und oft unvollständigen Sätzen aus (vgl. ebd.). Dies wird durch den Gebrauch von Sprichwörtern als ein Anzeichen für den restringierten Code ergänzt (vgl. ebd.). Bernstein ergänzt aber, dass auch die Mittel- und Oberschicht situativ wie im Familienkreis den restringierten Code sprechen (vgl. Ernst P. 2004). Um die politischen Reden gegebenenfalls einer sozialen Schicht zuordnen zu können, werden diese vor dem Hintergrund des restringierten und elaborierten Codes untersucht.

4. Analyse zweier Redebeiträge

In den folgenden zwei Kapiteln werden zwei Antrittsreden von Barack Obama aus dem Jahre 2008 und von Donald Trump aus dem Jahre 2017 analysiert (siehe Anhang M1, M2). Dabei wird besonders auf die Wahl und Nutzung von rhetorischen Mitteln eingegangen. Aber auch die angesprochenen Themen der beiden Reden werden eine Rolle spielen. Ziel soll es sein zu ermitteln, ob einige rhetorische Mittel in Reden dazu benutzt wurden, den Zuhörer zugunsten des Präsidenten zu manipulieren. Vor dem Hintergrund der Bernstein-Hypothese werden zudem die linguistischen Eigenschaften der Sprache untersucht, um sie in Verbindung mit den genutzten rhetorischen Mittel einem Code, und somit einer Zielgruppe zuzuordnen. Dabei sollen gegebenenfalls Rückschlüsse gezogen werden, welche rhetorischen Mittel mehr im elaborierten oder im restringierten Code benutzt werden und welche Zielgruppe die Redner mit ihren Reden ansprechen wollen. Die Wahl der Redner fiel auf Donald Trump und Barack Obama, da sich beide Politiker sehr in den linguistischen Eigenschaften unterscheiden. Da die Reden auf Englisch gehalten worden sind, kann es zu Übersetzungsfehlern gekommen sein, was in der vorliegenden Arbeit jedoch nicht konkreter berücksichtigt werden soll.

4.1 Antrittsrede von Barack Obama

Die Rede Obamas steigt mit einer Begrüßung Chicagos ein und gibt dann als „Antwort" (Obama 2008 Z. 4) auf die „Frage zur Kraft [der amerikanischen] Demokratie" (ebd. Z. 3) seine eigene Wahl zum Präsidenten der USA. Dabei bringt er die Rede in Verbindung mit den Schlüsselwörtern „Demokratie" und „Antwort" (ebd. Z. 3f.). Er schafft einen positiven Kontext und verleiht der „Demokratie" (ebd. Z. 3) zusätzlich Bedeutung. Als Begründung nennt Obama mithilfe einer Aufzählung die langen Schlangen und die hohe Wartezeit der Wähler vor „Schulen und Kirchen" (ebd. Z. 5), „die den Unterschied ausmachen" (ebd. Z. 8), womit er seinen Wählern zudem ein verstecktes Lob ausspricht und seinem Sieg Bedeutung verleiht. Obama nutzt dabei lange hypotaktische Sätze, die seine Aufzählung sprachlich interessanter machen. Im weiteren Verlauf der Rede greift Obama die „Antwort" (ebd. Z. 9) wieder auf und nennt in einer weiteren Aufzählung die unterschiedlichen, in den USA zu findenden sexuellen, politischen oder ethnischen Ausrichtungen und appelliert daraufhin mit dem Personalpronomen

„wir" (ebd. Z. 12) an die Gemeinschaft der „Vereinigten Staaten von Amerika" (ebd. Z. 14f.). Obama versucht so zu vermitteln, dass sich alle Bürger von ihm angesprochen fühlen und ruft zudem ein Gemeinschaftsgefühl unter ihnen hervor. Daraufhin spricht Obama den lang ersehnten „Wandel" (ebd. Z. 16) an, der mit seiner Wahl zum Präsidenten „in Amerika angekommen" (ebd. Z. 16f.) ist und stellt so einen mit ihm zu erwartenden Fortschritt in den Raum. Anschließend kommt er auf „Senator McCain" (ebd. Z. 19) zu sprechen, der Obama gedankt habe und zudem „noch länger und härter für das Land gekämpft" (ebd. Z. 20f.) habe und stellt in so als ein Musteramerikaner dar, obwohl dieser sein politischer Gegner ist. Obama stellt seine eigene Person als unbedeutender dar und macht sich so gegenüber den Bürgern sympathischer. Dieser Eindruck verstärkt sich, als Obama sich im folgenden Absatz bei „Vizepräsidenten der Vereinigten Staaten, Joe Biden" (ebd. Z. 29) und bei seiner Frau und Familie bedankt (vgl. ebd. Z. 29-32). Auch im weiteren Verlauf setzt Obama seine eigene Position herab, indem er den „Sieg" als ein „Sieg" (ebd. Z. 33) des amerikanischen Volkes bezeichnet und zudem erläutert, dass sein „Wahlkampf [...] nicht in den Sälen, [...] [sondern] in den Hinterhöfen [...] und Wohnzimmern" begann (ebd. Z. 35ff.). Obama macht sich so als ein einfacher Bürger greifbarer für seine Wähler. Im weiteren Verlauf der Rede kommt Obama auf seine „Aufgaben" (ebd. Z. 43) zu sprechen. Mit der anschließenden Aufzählung der anstehenden „Herausforderungen" (ebd. Z. 44f.) kritisiert er indirekt seine politischen Gegner, die diese noch nicht in den Griff bekommen haben. Diese Kritik unterfüttert er anschließend mit Negativbeispielen wie die „Mütter und Väter, die wach liegen [...] und sich fragen, wie sie ihre Hypothek finanzieren" (ebd. Z. 49f.). Obama bringt seine Rede so auf eine emotionale Ebene und lässt einige Amerikaner ihr eigenes Schicksal in dieser wiederfinden, womit er die schlecht soziale Lage einer seiner Zuhörerschaften ausnutzt und diese so klar manipulativ beeinflusst. Anschließend präsentiert Obama innerhalb einer weiteren Aufzählung einige Lösungsansätze, um die aktuellen Verhältnisse zu verbessern (vgl. ebd. Z. 53ff.) und macht so deutlich, dass er genau weiß, was Amerika fehlt. Daraufhin beginnt er zuerst die Erwartungen seiner Zuhörer zu senken, indem er mit der Metapher „[d]ie Straße vor uns wir lang sein. Unser Anstieg wird steil sein." (ebd. Z. 55f.) einen langen Weg prophezeit, anschließend aber sagt, dass „[er] [...] nie hoffnungsvoller als heute Abend [war]" (ebd. Z. 57f.) und so den Zuhörer trotz des mahnenden Hinweises von seiner eigenen starken Position überzeugt. Obama nutzt so die aktuelle emotionale Lage seiner Zuhörer, indem er sich fast als Heilsbringer präsentiert. Seine starke Position wird mit dem darauffolgenden Versprechen

9

verdeutlicht, dass „wir als ein Volk [...] dort hingelangen [werden]" (ebd. Z. 59), wobei das Personalpronomen „wir" (ebd. Z. 59) erneut die Identifikation des Zuhörers mit Obama verbessert. Dieses Vorgehen nutzt er auch im folgenden Absatz, indem er vor „Rückschlägen" (ebd. Z. 61) warnt, aber auch an seine Ehrlichkeit appelliert (vgl. ebd. Z. 64). Zudem bittet er seine Zuhörer, mit ihm Amerika weiter zu erneuern „wie dies in Amerika seit 221 Jahren getan worden ist" (ebd. Z. 68f.) mit der Metapher „Block um Block, Stein um Stein, schwielige Hand um schwielige Hand" (ebd. Z. 69). In diesem Zug stellt sich Obama nicht als ein Einzelgänger dar und erinnert zudem an die Erfolge seine Nation, die unter ihm weiter geführt werden sollen. Folglich erklärt Obama, dass sein Wahlkampf „vor 21 Montanen in den Tiefen des Winters begann" (ebd. Z. 70) und bringt die damalige Zeit mit diesen Schlüsselwörtern in einen negativen Kontext unter einem anderen Präsidenten und kritisiert so seinen politischen Gegner. Daraufhin erläutert Obama, dass sein „Sieg" (ebd. Z. 71) die „Chance" (ebd. Z. 72) einer Änderung im Land sein kann und verdeutlicht daraufhin die Bedeutsamkeit des Volkes, indem er mit der Anapher „[e]s kann nicht ohne euch geschehen, ohne einen neuen Geist des Dienstes, einen neuen Opfergeist. [...] einen neuen Geist des Patriotismus" (ebd. Z. 73ff.) an ein Mithelfen der Zuhörer appelliert. Außerdem verändert er die zuvor erzeugte negative Assoziation mit „einen neuen Geist" (ebd. Z. 73) und einem „Geist des Patriotismus" (ebd. Z. 75) zu einem positiven unter seiner Präsidentschaft. Auch hier profitiert Obama von der emotionalen Anfälligkeit seiner Zuhörerschaft, da er den Eindruck macht, dass unter seiner Präsidentschaft alles besser werde. Dies bestätigt sich auch im weiteren Verlauf der Rede, indem er vor dem Hintergrund der Beziehungen mit anderen Nation von „eine[r] neue[n] Morgendämmerung der amerikanischen Führungskraft" spricht (ebd. Z. 89f.). Anschließend geht Obama auf die Folgen seiner Präsidentschaft ein, indem er mit der Anapher „[a]n diejenigen, die diese Welt niederreißen wollen: Wir werden euch besiegen. An diejenigen, die Frieden und Sicherheit wollen: Wir unterstützen euch." (ebd. Z. 91f.) die Zuhörer von der zukünftigen Stärke der USA unter seiner Präsidentschaft überzeugen möchte. Dies unterstützt er mit der darauf folgenden Frage nach dem „Leuchtfeuer Amerikas" (ebd. Z. 93), die er mit den positiven Schlüsselwörtern „Demokratie, Freiheit, Chancen und unablässiger Hoffnung" (ebd. Z. 96f.) beantwortet. Obama verbindet damit die positiven Attribute einer Nation mit der der USA unter seiner Führung und zeigt so ebenfalls die Werte auf, nach denen er sein Land regieren möchte und „vervollkommne[n] werde" (ebd. Z. 99). Folglich erzählt Obama eine Anekdote über die 106 jährige „Ann Nixon Cooper" (ebd. Z. 105), die bei dieser Wahl, genauso „wie die Millionen anderen" (ebd. Z. 103f.) ihre Stimme abgegeben habe, wobei Obama besondere Bedeutsamkeit ihrem Alter zuschreibt, indem er dieses erst am Ende des Satzes präsentiert. Der Grund dafür wird deutlich, indem er sie nutzt, um die Zuhörer auf eine „Generation nach der Sklaverei" (ebd. Z. 106) aufmerksam zu machen, „in der es keine Autos auf den Straßen und keine Flugzeuge am Himmel gab" (ebd. Z. 107). Daraufhin macht er mit den Schlüsselwörtern „Hoffnung, [...] Kampf und [...] Fortschritt" (ebd. Z. 111f.) deutlich, was sein Land bis heute geschafft hat und schlägt den Bogen zur heutigen Zeit und den heutigen Aufgaben, der in seinem Wahlkampfspruch „Ja, wir schaffen das" (ebd. Z. 113) endet. Dieses Vorgehen wiederholt Obama einige Male, indem er zurückliegende Krisen und Erfolge wie den Börsencrash, den zweiten Weltkrieg, den Austritt aus der Apartheit oder den Fall der Berliner Mauer anspricht und darauf aufmerksam macht, dass Amerika diese Herausforderungen bewältigt hat (vgl. ebd. Z. 128-134). Zudem endet jedes seiner Beispiele erneut mit seinem Wahlkampfspruch „[j]a, wir schaffen das" (ebd. Z. 120, 124). Obama entfacht durch die früheren Erfolge seiner Nation einen Enthusiasmus, den er mit seinem Wahlkampfspruch auf die heutigen Aufgaben überträgt. Er stellt so sicher, dass der Zuhörer eine positive Vorstellung seiner Präsidentschaft hat. Zudem stärken die wiederholenden Rufe des Publikums „Yes we can" (ebd. Z. 117, 121, 125) das schon zuvor implizierte Gemeinschaftsgefühl in der Zuhörerschaft, was diese emotional offener für seine Worte macht. Dies nutzt er, indem er mit Verweis auf „Ann Nixon Cooper" (ebd. Z. 136) die positiven Fragen stellt, welchen Wandel und welchen Fortschritt seine Töchter erleben werden (vgl. ebd. Z. 136f.). Auffällig ist zudem, dass Obama seinen schon am Anfang begonnenen Trend während der gesamten Rede weiter führt uns sehr häufig hypotaktische Sätze nutzt, um die Rede für den Zuhörer interessanter zu machen. Am Ende seiner Rede fasst Obama mit Schlüsselwörtern zusammen, dass seine bevorstehende Amtszeit „Chancen" (ebd. Z. 138) für „Arbeit" (ebd. Z. 139), „Wohlstand" (ebd. Z. 140) und „fundamentale Wahrheit" (ebd. Z. 142) bietet. Daraufhin arbeitet er sich zu seinem Wahlkampfspruch hin, indem „wir" (ebd. Z. 134), das amerikanische Volk auf „Zynismus und Zweifel" (ebd. Z. 143) mit dem „zeitlosen Glauben" (ebd. Z. 145) antwortet „[j]a, wir schaffen das" (ebd. Z. 143). Obama nimmt dem Zuhörer schon vorweg, dass aufkommende „Zweifel" (ebd. Z. 143) sein Vorgehen gefährden könnten. Allerdings gibt er mit „[j]a, wir schaffen das" (ebd. Z. 145) eine Antwort, die auf der Stärke des amerikanischen Volkes basiert. Obama schließt die Rede mit einer Danksagung und mit „Gott segne euch. Und möge Gott die Vereinigten Staaten von Amerika segnen" (ebd. Z. 147) ab. Im Hinblick auf die Bernstein-Hypothese kann man zwar sagen, dass Obamas Rede durch das häufige Nutzen von hypotaktischen Sätzen dem elaborierten Code ähnelt, aber durch den Nichtgebrauch von Fremdwörtern und den Gebrauch von persönlichen Pronomen die Rede nicht klar diesem zuordnen lässt. Vielmehr ermöglicht Obama durch seine linguistischen Eigenschaften der Rede, diese für alle Personen unabhängig der sozialen Schicht zugänglich zu machen.

4.2 Antrittsrede von Donald Trump

Donald Trump steigt mit einer Danksagung an „Richter Roberts" (Trump 2017 Z. 1), die ehemaligen Präsidenten der USA, die Bürger der USA und den „Menschen überall auf der Erde" (ebd. Z. 1f.) ein. Daraufhin geht er darauf ein, dass „[w]ir die Bürger Amerikas, [...] in einer großen nationalen Kraftanstrengung [vereint sind], um unser Land wieder aufzubauen" (ebd. Z. 3f.) Trump stellt so schon zu Beginn seiner Rede mit „[w]ir die Bürger" (ebd. Z. 3) sich als eine Person des Volkes dar und bewirkt zudem mit dem Personalpronomen „[w]ir" (ebd. Z. 3), dass sich seine Zuhörer besser mit ihm identifizieren können. Gleichzeitig fängt er an, die letzte Administration zu kritisieren, da er das „Land wieder auf[...]bauen" (ebd. Z. 4) muss. Anschließend beschreibt Trump einen Weg in eine positive Zukunft, in der „[w]ir auf Herausforderungen stoßen [...]. Aber [es] schaffen [...] werden" (ebd. Z. 7f.). Auffällig ist, dass Trump weiterhin häufig das Personalpronomen „wir" (ebd. Z. 7) benutzt um erneut unter seinen Zuhörern ein Gemeinschaftsgefühl zu erzeugen. Zudem ist eine häufige Nutzung von parataktischen Sätzen zu erkennen, die das Folgen der Rede für den Zuhörer erleichtern. Im weiteren Verlauf bedankt er sich bei „Präsident Obama" (ebd. Z. 10f.) und seiner Frau für einen „[f]riedvollen und geordneten Übergang der Macht" (ebd. Z. 9f.) und lobt sie anschließend mit „[s]ie waren großartig" (ebd. Z. 12). Trump versucht damit, sich auch bei seine Nichtwählern sympathischer zu machen, indem er die geleistete Arbeit vom vorigen Präsidenten anerkennt. Im weiteren Verlauf der Rede verleiht er seiner Einführung als Präsident eine „besondere Bedeutung" (ebd. Z. 13), da „nicht nur die Macht von einer Regierung zur anderen, von einer Partei zur anderen" (ebd. Z. 14f.) übertragen wird, sondern „die Macht" (ebd. Z. 14) aus „Washington, DC" (ebd. Z. 15) genommen wird und dem „amerikanischen Volk" (ebd. Z. 16) zurückgegeben wird. Trump attackiert trotz seiner zuletzt lobenden Worte die vorige Administration stark und beschuldigt sie, sich nicht für die Bürger des Landes interessiert zu haben. Diesen Trend führt Trump weiter, indem er mit der Metapher darauf eingeht, dass „[z]u lange eine kleine Gruppe in der Hauptstadt unserer Nation die Früchte der Regierungsarbeit geerntet" (ebd. Z. 17f.) habe. Dies unterstützt er mit der Aussage, dass das „Volk die Kosten tragen musste" (ebd. Z.

18.) und „keinen Anteil am [...] Reichtum" (ebd. Z. 19) hatte. Trump stellt die letzte Regierung mithilfe der Metapher sehr negativ dar und spricht zudem jene seiner Zuhörer an, die sich von der vorigen Regierung nicht beachtet fühlten. Mit der dysphemistischen Darstellung der alten Regierung und der Pauschalisierung einzelner Schicksale, verfolgt Trump einen klar manipulativen Ansatz. Diesen unterfüttert er mit dem Abgang von „Arbeitsplätzen" (ebd. Z. 20) und der Schließung von „Fabriken" (ebd. Z. 20f.). Daraufhin klammert er zudem die alte Regierung aus der amerikanischen Gesellschaft aus, indem er sagt, dass „[i]hre Siege [...] nicht unsere Siege [waren]" (ebd. Z. 23) und „ihre Triumphe [...] nicht unsere Triumphe [waren]" (ebd. Z. 24). Trump nutzt zudem die positiven Schlüsselwörter „Siege" (ebd. Z. 23), Triumphe" (ebd. Z. 24.) und bringt sie in Verbindung mit der alten Regierung in einen negativen Kontext und zeigt so auf, was die Bürger zuletzt nicht hatten, aber unter seiner Führung wieder haben werden. Folglich beschreibt Trump, dass „mit diesem Moment, in dem ich hier stehe" (ebd. Z. 26) alles ändern werde, da „dieser Moment [...] euer Moment [ist]" (ebd. Z. 26f.) und charakterisiert so den Antritt seiner Präsidentschaft als einen Wendepunkt zugunsten des Volkes. Diese Aussage unterstützt er mit den Anaphern „[e]r gehört euch. Er gehört all jenen, die hier heute versammelt sind" (ebd. Z. 27f.) und „[d]as ist unser Tag. Das ist eure Feier. Und die vereinigten Staaten von Amerika sind unser Land" (ebd. Z. 28f.). Daraufhin scheint Trump seine Kritik an der alten Regierung relativieren zu wollen, indem er sagt, „[w]irklich wichtig ist nicht, welche Partei an der Regierung ist" (ebd. Z. 30), aber dann doch mit „-sondern die Frage, ob unsere Regierung vom Volk kontrolliert wird" (ebd. Z. 31.) indirekt weiter Kritik an ihr übt, indem er ihr unterstellt, sich vom Volk distanziert zu haben. Dieses nutzt Trump, indem er anschließend den Tag der Rede als einen „an dem das Volk wieder Souverän wurde" (ebd. Z. 32f.) kennzeichnet und zeigt so auf, dass unter seiner Regierung die Bürger der USA an höchster Stelle stehen. Diesen Eindruck verstärkt er zudem mit der Wortwiederholung „[d]ie vergessenen Frauen und Männer" (ebd. Z. 35f.) sind nicht mehr „vergessen" (ebd. Z. 33f.) und der Hyperbel „[a]lle hören euch jetzt zu" (ebd. Z. 35). Trump nutzt die behaupteten Fehler der alten Regierung und stellt sie als seine Stärke dar, um so jene Zuhörer zu erreichen die sich unter der alten Administration abgehängt gefühlt haben. So manipuliert Trump klar, da er die Probleme seiner Zuhörer nutzt, um sich als Lösungsweg darzustellen. Dabei unterstützen ihn die Wortwiederholung und die Hyperbel um weiter zu verdeutlichen welche Verhältnisse jetzt herrschen und welche unter seiner Regierung da sein werden. Im weiteren Verlauf der Rede kommt er auf eine

„historische Bewegung" (ebd. Z. 36.) zu sprechen, in dessen „Zentrum" (ebd. Z. 38) „eine Nation existier[en] [soll], um ihren Bürgern zu dienen", und in der es „gute Schulen" (ebd. Z. 39), „sichere Viertel" (ebd. Z. 40) und „gute Jobs" (ebd. Z. 40) geben soll. Nach dieser Aufzählung von positiven Attributen eines Staates kommt Trump zur „Realität" (ebd. Z. 43), in der „Mütter und Kinder in Armut leben" (ebd. Z. 43f.) und es ein „amerikanische Gemetzel" (ebd. Z. 51) gibt, das „hier und jetzt" (ebd. Z. 51) aufhört. Trump verfolgt so weiter seinem bisherigen Konzept der Rede, indem er aufzeigt, was sich unter seiner Präsidentschaft verbessern wird. Dabei stellt er die aktuelle Situation besonders prekär dar, in dem er es mit dem dysphemistischen Schlüsselwort „Gemetzel" (ebd. Z. 49) verbindet. So manipuliert Trump hier mit einer übertrieben negativen Darstellung der amerikanischen Verhältnisse. Dies führt er weiter, indem er die Rede mit „[w]ir sind ein Volk- und ihr Schmerz ist unser Schmerz" (ebd. Z. 50) auf eine emotionale Ebene bringt, und ebenfalls das Gemeinschaftsgefühl für das „glorreiche[...] Ziel" (ebd. Z. 52) stärkt. Auch im weiteren Verlauf der Rede zeigt Trump die Fehler der vorigen Regierung auf (vgl. ebd. Z. 54-66), worin er weiterhin mit dem Personalpronomen „wir" (ebd. Z. 57) ein gemeinsames Leiden darstellt und so das Gemeinschaftsgefühl weiter stärken möchte. Daraufhin zeigt Trump erneut einen Blick in die „Zukunft" (ebd. Z. 67), indem er „die Geschicke [...] [des] Landes" (ebd. Z. 70f.) mit „Amerikas zuerst" (ebd. Z. 72) regieren möchte und kommt so zu dem Hauptanliegen seiner Präsidentschaft. Dieses charakterisiert er dadurch, dass „jede Entscheidung [...] danach getroffen w[ird], ob sie amerikanischen Arbeitern oder amerikanischen Familien n[ü]tzt" (ebd. Z. 73ff.) und konkretisiert so seinen Wahlkampfspruch. Trump macht außerdem weiter deutlich, dass er ein Mann des Volkes ist und er sich für dieses einsetzt. Dies verdeutlicht er damit, da er „[m]it jedem Atemzug [...] für [das amerikamische Volk] kämpfen [werde]" (ebd. Z. 79). Im weiteren Verlauf geht erneut darauf ein, was unter seiner Präsidentschaft geschehen soll (vgl. ebd. Z. 81-92). Dabei benutzt er jedes Mal, wenn er eine neue Thematik anspricht, die Anapher „[w]ir werden" (ebd. Z. 81, 84, 96) womit sein Ausblick der Präsidentschaft sehr klar und überzeugend gegenüber dem Zuhörer definiert wird. Dabei wird kein Interpretationsraum gelassen, um eine eindeutige Richtlinie vorzugeben. Sensible Themen wie der „Kampf gegen den radikal islamistischen Terror" (ebd. Z. 96) werden mithilfe der Metapher „den wir vom Antlitz der Erde tilgen werden." (ebd. Z. 96f.) zusätzlich dramatisiert. Trump nutzt mit dieser Metapher die Angst der amerikanischen Bevölkerung, um sich selbst als ein Retter zu charakterisieren und manipuliert so klar seine Zuhörer. Anschließend appelliert er an „[e]in Herz das offen ist für Patriotismus" (ebd. Z. 101) indem er die Bibel zitiert und später sagt, dass das amerikanische Volk „[b]eschützt [wird] von Gott" (ebd. Z. 107). Trump stellt das amerikanische Volk als ein Besonderes dar, was seinen patriotischen Appell unterstützt. Im weiteren Verlauf der Rede kennzeichnet er den „Beginn eines neuen Jahrtausends" (ebd. Z. 117) und zeigt die Möglichkeiten der Zukunft auf. Zudem soll ein „neuer Nationalstolz" (ebd. Z. 120), dazu genutzt werden, um „Meinungsverschiedenheiten zu überbrücken" (ebd. Z. 120f.), sodass Trump insgesamt erneut einen positiven Ausblick in die Zukunft gibt. Diese verbindet Trump mit der „Soldatenweisheit [...]: Ganz egal ob wir schwarz sind oder braun oder weiß- wir bluten alle das gleiche rote Blut der Patrioten" (ebd. Z. 122ff.) und appelliert so erneut an den Patriotismus und an eine Einheit des Landes, die er wieder mit dem Personalpronomen „wir" (ebd. Z. 123) unterstützt. Diese Einheit hebt Trump daraufhin erneut hervor, da es keinen Unterschied machen würde „ob ein Kind in Detroit oder in der Prärie von Nebraska geboren wird" (ebd. Z. 126), da „beide [...] auf den gleichen Nachthimmel [schauen]" (ebd. Z. 127) und macht so klar, dass jeder Bürger gleiche Chancen hat. Am Schluss seiner Rede fasst Trump zusammen, dass „[e]ure Stimmen, eure Hoffnung, eure Träume [...] Amerikas Schicksal aus[machen]." (ebd. Z. 132) und schließt die Zuhörer so aktiv in die zukünftige Politik mit ein. Daraufhin schließt er mit der sich wiederholenden Anapher „[z]usammen machen wir Amerika" (ebd. Z. 134-138) und den Adjektiven wie „stark" (ebd. Z. 134) und „reich" (ebd. Z. 135) zu und der darauffolgenden Dankung und Segnung Amerikas (vgl. ebd. Z 139) die Rede ab. Im Hinblick auf die Bernstein-Hypothese lässt sich sagen, dass die von Trump genutzten Sätze meist parataktisch und grammatikalisch einfach strukturiert sind. Diese lassen auf einen restringierten Code schließend. Allerdings ist auch zu erkennen, dass die Sätze viele Adjektive enthalten und man selbstverständlicher Weise vollständige Sätze erkennt, sodass man die Antrittsrede von Donald Trump nicht eindeutig dem restringierten Code zuordnen kann.

5 Fazit

Betrachtet man die Reden von Obama und Trump genauer, so fällt auf, dass beide ähnliche manipulative Vorgehensweisen haben. Beide versuchen in ihren Reden ein gewisses Gemeinschaftsgefühl zwischen der Zuhörerschaft und ihnen selbst aufzubauen. Dabei nutzen beide häufig das Personalpronomen „wir". Obama unterstützt dies zusätzlich mit seinem Wahlkampfspruch „ja, wir schaffen das" (Obama 2008). Beide nutzen zudem die schlechte soziale oder gesellschaftliche Lage von Zuhörern, um sich selbst als Heilsbringer zu präsentieren. Das Zusammenspiel vom Aufzeigen klarer Probleme und den gleichzeitig erzeugten Zugehörigkeitsgefühl, sorgt dafür, dass der Zuhörer sich emotional öffnet und den Redner als den Lösungsweg anerkennt. In Obamas Rede wird dies zusätzlich dadurch bestärkt, dass das Publikum ebenfalls anfängt „ja, wir schaffen das" (Obama 2008) zu rufen. Um diesen manipulativen Ansatz näher zu bringen, wenden beide Redner häufig Anaphern und positive Schlüsselwörter an, die sie mit sich selbst verbinden. Trump nutzt zudem Metaphern, wie in „radikal islamistischen Terror [...], den wir vom Antlitz der Erde tilgen werden" (Trump 2017) um Ängste der Zuhörerschaft für sich zu nutzen. Um auf die Frage der Facharbeit zurückzukommen, kann jetzt gesagt werden, dass einige rhetorische Mittel in politischen Reden eine sehr manipulative Wirkung haben können. Dabei sind besonders rhetorische Mittel wirksam, die helfen, bestimmte Gefühle zu erzeugen, die der Zuhörer mit dem Redner verknüpfen kann. Allerdings muss gesagt werden, dass in den oben analysierten Reden, rhetorische Mittel den Inhalt der Rede unterstützt haben um, eine manipulative Wirkung zu erzielen. Dabei haben Obama und Trump schon auf inhaltlicher Ebene Themen angesprochen, die manipulatives Potenzial haben. In Bezug auf die Bernstein-Hypothese ist festzustellen, dass Obama durch den Gebrauch von hypotaktischen Sätzen zwar einen Ansatz des elaborierten Code zeigt, dieser allerdings nicht vollständig auf seine Rede zutrifft. Obama verwendet oft eine persönliche Redeweise und keinen starken Gebrauch von Fremdwörtern. Auch die Rede von Trump kann nicht vollständig einem Code zugeordnet werden. Zwar nutzt Trump viele parataktische Sätze, die den Inhalt der Rede leicht verständlich machen, allerdings gebraucht er auch viele Adjektive, um seinen Inhalt auszuschmücken, was nicht in den restringierten Code passt. So lässt sich allgemein sagen, dass Obama und Trump ihre Reden an eine breite Masse angepasst haben, um möglichst viele Zuhörer damit zu erreichen. Aufgrund dessen, bin ich zu der Überzeugung gekommen, dass rhetorische Mittel nicht eindeutig einem bestimmten Code zugeordnet werden. Möchte man noch weiter Untersuchungsergebnisse erzielen, ist es sinnvoll ebenfalls Reden aus dem Wahlkampf zu analysieren, da beide Politiker zu diesem Zeitpunkt noch nicht Präsident der USA waren und aufgrund dessen, noch mehr manipulieren müssen, um Stimmen für die Wahlen zu bekommen.

6. Quellenverzeichnis

Literaturverzeichnis:

Bachem, R. (1994). Taschenbuch des Deutschunterrichtes. Hohengehren:
    Schneiderverlag
Drechsler, H. (2013). Gesellschaft und Staat. München: Vahlen
Ernst, P. (2004). Germanistische Linguistik. Wien: UTB
Grieswelle, D. (1978). Rhetorik und Politik. München: Minerva-Publ.
Schnyder, P. (1999). Die Magie der Rhetorik. Zürich: Zürich
Zimmermann, H.D. (2013). P.A.U.L. D. Oberstufe. Braunschweig: Schöningh

Internetquellen:

Bernstein-Hypothese. Wikipedia. https://de.wikipedia.org/wiki/Bernstein-
    Hypothese (Stand: 31.01.2018, 14:00 Uhr)
Obama, B. (2008). Rhetorik Netz. http://www.rhetorik-netz.de/rede-barack-obama-
    yes-we-can (Stand: 10.02.2018, 17:32 Uhr)
Pöhm, M. Rhetorik Homepage. http://www.rhetorik-homepage.de/ (Stand:
    15.01.2018, 15:15 Uhr)
Rhetorikpirat. http://rhetorikpirat.de/rhetorische-mittel-die-wuerzmischung-fuer-
    deine-rede/ (Stand: 04.02.2018, 19:45 Uhr)
Strangl, W. (2015). http://lexikon.stangl.eu/7024/manipulation/ (Stand: 20.01.2018,
    18:24 Uhr)
Trump, D. (2017). http://www.rp-online.de/politik/ausland/amtseinfuehrung-von-
    donald-trump-antrittsrede-im-wortlaut-deutsch-aid-1.6549346 (Stand:
    14.02.2018, 17:20 Uhr)
Zur Geschichte der Rhetorik. http://www.germanistik-kommprojekt.uni-
    oldenburg.de/sites/1/1_03_1v.htm (Stand: 18.02.2018, 13:00)

7. Anhang

M1

Antrittsrede von Barack Obama aus dem Jahre 2008 im Wortlaut

Hallo, Chicago. Wenn es da draußen irgendjemand gibt, der noch zweifelt, dass Amerika ein Ort ist, wo alles möglich ist, der sich noch fragt, ob der Traum unserer Gründer heute lebendig ist, der Fragen zur Kraft unserer Demokratie aufwirft, hat heute eine Antwort bekommen. Es ist die Antwort, die von den Warteschlangen vor Schulen und Kirchen gegeben wird, in Zahlen, die diese Nation nie gesehen hat, von Leuten, die drei Stunden und vier Stunden gewartet haben, viele zum ersten Mal in ihrem Leben, weil sie glaubten, dass es dieses Mal anders sein muss, dass ihre Stimmen diesen Unterschied ausmachen können.

Es ist die Antwort, die von Jungen und Alten gegeben wird, von Reichen und Armen, Demokraten und Republikanern, Schwarzen, Weißen, Hispanics, Asiaten, Indianern, Schwulen und Heterosexuellen, Behinderten und Nichtbehinderten. Von Amerikanern, die der Welt eine Botschaft geschickt haben, dass wir keineswegs nur eine Ansammlung von Einzelmenschen oder eine Kollektion von roten und blauen Staaten sind. Wir sind die Vereinigten Staaten von Amerika und werden das immer sein.

Es hat eine lange gedauert, aber heute Abend ist der Wandel in Amerika angekommen – weil wir es geschafft haben am Datum dieser Wahl in diesem entscheidenden Augenblick. Etwas früher an diesem Abend habe ich einen außergewöhnlich freundlichen Anruf von Senator McCain erhalten. Senator McCain hat lange und hart in diesem Wahlkampf gekämpft. Und er hat noch länger und härter für das Land gekämpft, das er liebt. Er hat Opfer für Amerika ertragen, die sich die meisten von uns noch nicht einmal im Ansatz vorstellen können. Uns geht es besser dank des Dienstes, den dieser tapfere und selbstlose Führer geleistet hat. Ich gratuliere ihm, ich gratuliere Gouverneurin Palin für alles, was sie erreicht haben. Und ich freue mich darauf, mit ihnen zusammenzuarbeiten, um in den kommenden Monaten das Versprechen dieser Nation zu erneuern.

Ich will meinem Partner auf dieser Reise danken, einem Mann, der mit ganzem Herzen im Wahlkampf dabei war ..., dem gewählten Vizepräsidenten der Vereinigten Staaten, Joe Biden. Und ich würde heute Abend nicht hier stehen ohne die unablässige Unterstützung meiner besten Freundin in den vergangenen 16 Jahren, dem Fels unserer Familie, der Liebe meines Lebens, der nächsten First Lady der Nation, Michelle Obama.

Aber über allem werde ich nie vergessen, wem dieser Sieg in Wahrheit gehört. Er gehört euch. ... Ich war nie der wahrscheinlichste Kandidat für dieses Amt. Wir haben nicht mit viel Geld oder viel Unterstützung angefangen. Unser Wahlkampf entstand nicht in den Sälen in Washington. Er begann in den Hinterhöfen von Des Moines und in den Wohnzimmern in Concord und den Vorgärten von Charleston. Er wurde gestaltet von arbeitenden Männern und Frauen, die in ihre kleinen Ersparnisse gegriffen haben, um 5 oder 10 oder 20 Dollar für die Sache zu geben.

Dies ist euer Sieg. Ich weiß, dass ihr das nicht einfach getan habt, um eine Wahl zu gewinnen. Und ich weiß, dass ihr das nicht für mich getan habt. Ihr habt es getan, weil ihr das gewaltige Ausmaß der vor uns liegenden Aufgabe versteht. Denn selbst wenn wir heute Abend feiern, wissen wir, dass die Herausforderungen von morgen die größten unseres Lebens sind – zwei Kriege, ein Planet in höchster Gefahr, die schwerste Finanzkrise in einem Jahrhundert.

Selbst wenn wir heute Abend hier stehen, wissen wir, dass tapfere Amerikaner in den Wüsten des Iraks und in den Bergen Afghanistans aufwachen, um ihr Leben für uns zu riskieren. Da sind Mütter und Väter, die wach liegen, wenn die Kinder schon eingeschlafen sind, und sich fragen, wie sie die Hypothek finanzieren oder ihre Arztrechnung bezahlen oder genug sparen für den Hochschulunterricht ihres Kindes.

Es müssen neue Energien genutzt, neue Arbeitsplätze geschaffen und neue Schulen gebaut werden, auf Bedrohungen muss reagiert werden, und Bündnisse müssen erneuert werden. Die Straße vor uns wird lang sein. Unser Anstieg wird steil sein. Wir werden nicht in einem Jahr oder selbst in einer Amtszeit dort ankommen. Aber, Amerika, ich war nie hoffnungsvoller als heute Abend, dass wir dort hinkommen werden.

Ich verspreche euch, wir als ein Volk werden dort hingelangen.

(Rufe: Yes we can! Yes we can! Yes we can!)

Es wird Rückschläge und falsche Ansätze geben. Es gibt viele, die nicht mit jeder Entscheidung oder jeder Politik einverstanden sein werden, die ich als Präsident mache. Und wir wissen, dass die Regierung nicht jedes Problem lösen kann. Aber ich werde immer ehrlich mit euch umgehen, wenn es um die Herausforderungen geht, die vor uns liegen.

Ich werde euch zuhören, vor allem, wenn wir verschiedener Meinung sind. Und vor allem werde ich euch bitten, euch der Arbeit anzuschließen, um diese Nation zu erneuern, auf die einzige Art, wie dies in Amerika seit 221 Jahren getan worden ist – Block um Block, Stein um Stein, schwielige Hand um schwielige Hand.

Was vor 21 Monaten in den Tiefen des Winters begann, kann nicht in dieser Herbstnacht enden. Dieser Sieg allein ist noch nicht der Wandel, den wir anstreben. Er ist nur die Chance für uns, diesen Wandel herbeizuführen. Und das kann nicht geschehen, wenn wir zurückkehren zu der Art, wie die Dinge waren. Es kann nicht ohne euch geschehen, ohne einen neuen Geist des Dienstes, einen neuen Opfergeist. Daher lasst uns einen neuen Geist des Patriotismus entwickeln, der Verantwortung, bei der jeder von uns beschließt, einzuspringen und härter zu arbeiten und nicht nur nach uns selbst, sondern auch nach den anderen zu schauen.

Lasst uns daran denken, dass uns diese Finanzkrise wenn überhaupt gelehrt hat, dass wir keine blühende Wall Street haben können, während die Main Street leidet. In diesem Land sind wir eine Nation, ein Volk, wenn wir uns erheben oder fallen.

Und an diejenigen Amerikaner, deren Unterstützung ich erst noch erlangen muss: Ich mag heute nicht eure Stimme bekommen haben, aber ich höre eure Stimmen. Ich brauche eure Hilfe. Und ich werde auch euer Präsident sein.

Und an alle, die heute Abend jenseits unserer Küsten zuschauen, von Parlamenten und Palästen, an die, die in den vergessenen Ecken der Welt vor dem Radio zusammensitzen – unsere Geschichten sind verschieden, aber wir teilen ein Schicksal, und eine neue Morgendämmerung der amerikanischen Führungskraft ist da.

An diejenigen, die diese Welt niederreißen wollen: Wir werden euch besiegen. An diejenigen, die Frieden und Sicherheit wollen: Wir unterstützen euch. Und an diejenigen, die sich gefragt haben, ob das Leuchtfeuer Amerikas noch so hell brennt: Heute Abend haben wir einmal mehr bewiesen, dass die wahre Stärke unserer Nation nicht von der Macht unserer Waffen oder dem Ausmaß unseres Wohlstands kommt, sondern von der andauernden Kraft unserer Ideale: Demokratie, Freiheit, Chancen und unablässige Hoffnung.

Dass ist der wahre Geist Amerikas: Dass Amerika sich ändern kann. Unsere Union kann vervollkommnet werden. Was wir schon erreicht haben, gibt uns Hoffnung für das, was wir morgen erreichen können und müssen.

Diese Wahl hatte viele erstmalige Dinge und viele Geschichten, die noch über Generationen hinweg erzählt werden. Aber eine ist heute Abend in meinem Kopf von einer Frau, die ihre Stimme in Atlanta abgegeben hat. Sie ist wie die Millionen anderen, die in der Schlange gewartet haben, damit bei dieser Wahl ihre Stimme gehört wird – mit einer Ausnahme: Ann Nixon Cooper ist 106 Jahre alt.

Sie wurde gerade eine Generation nach der Sklaverei geboren, in einer Zeit, als es keine Autos auf der Straße und keine Flugzeuge im Himmel gab, als jemand wie sie aus zwei Gründen nicht wählen konnte: Weil sie eine Frau ist und wegen ihrer Hautfarbe.

Und heute Abend denke ich an alles, was sie das ganze Jahrhundert hinweg in Amerika gesehen hat – den Kummer und die Hoffnung, den Kampf und den Fortschritt, die Zeit, in der wir gesagt bekamen, dass wir nicht können, und die Leute, die am amerikanischen Glauben festhielten: Ja, wir schaffen das. (Yes we can)

Wenn da Verzweiflung im Staub und Depression im Land war, erlebte sie eine Nation, die ihre Angst mit einem New Deal bezwang, mit neuen Arbeitsplätzen, einem neuen Sinn für gemeinsame Ziele. Ja, wir schaffen das. (Yes we can)

(Rufe: Yes we can)

Als die Bomben auf unseren Hafen fielen und Tyrannei die Welt bedrohte, erlebte sie, wie eine Generation sich zur Größe erhob und eine Demokratie gerettet wurde. Ja, wir schaffen das. (Yes we can)

(Rufe: Yes we can)

Sie war da für die Busse in Montgomery, die Wasserschläuche in Birmingham, eine Brücke in Selma, und da gab es einen Prediger aus Atlanta, der einem Volk gesagt hat: We Shall Overcome. Ja, wir schaffen das. (Yes we can)

(Rufe: Yes we can)

Ein Mann ist auf dem Mond gelandet, eine Mauer wurde in Berlin niedergerissen, eine Welt wurde verbunden durch unsere eigene Wissenschaft und Vorstellungskraft. Und in diesem Jahr, bei dieser Wahl, berührte sie mit ihrem Finger einen Bildschirm und gab ihre Stimme ab, weil sie nach 106 Jahren in Amerika, durch die besten Zeiten und dunkelsten Stunden hinweg, wusste, wie Amerika sich wandeln kann. Ja, wir schaffen das. (Yes we can)

(Rufe: Yes we can)

Amerika, wir sind so weit gekommen. Wir haben so viel gesehen. Aber es ist noch so viel mehr zu tun. So lasst uns heute Abend fragen, ob unsere Kinder leben sollen, um das nächste Jahrhundert zu sehen, ob meine Töchter so glücklich sein werden, so lange zu leben wie Ann Nixon Cooper, welchen Wandel werden sie dann erleben? Welchen Fortschritt werden wir dann gemacht haben?

Dies ist unsere Chance, auf diesen Ruf zu antworten. Das ist unser Augenblick. Das ist unsere Zeit, unser Volk zurück zur Arbeit zu bringen und Chancen für unsere Kinder zu eröffnen, Wohlstand wiederherzustellen und die Sache des Friedens voranzubringen, den amerikanischen Traum zurückzugewinnen und diese fundamentale Wahrheit zu bekräftigen, dass wir aus vielen heraus eins sind, dass wir hoffen, während wir atmen. Und wenn wir auf Zynismus und Zweifel stoßen und auf diejenigen, die sagen, wir können das nicht, dass wir dann mit jenem zeitlosen Glauben antworten, der den Geist eines Volkes zusammenfasst: Ja, wir schaffen das. (Yes we can)

Danke. Gott segne euch. Und möge Gott die Vereinigten Staaten von Amerika

M2
Antrittsrede von Donald Trump aus dem Jahre 2017 im Wortlaut

Richter Roberts, Präsident Carter, Präsident Clinton, Präsident Bush, Präsident Obama, liebe Mitbürger, Menschen überall auf der Erde: vielen Dank.

Wir, die Bürger Amerikas, sind vereint in einer großen nationalen Kraftanstrengung, um unser Land wieder aufzubauen – und sein Versprechen für alle Bürger wiederherzustellen.

Zusammen werden wir den Kurs Amerikas und der Welt auf Jahre hinaus bestimmen. Wir werden auf Herausforderungen stoßen. Es wird nicht immer leicht sein. Aber wir werden es schaffen.

Alle vier Jahre kommen wir auf diesen Treppenstufen zusammen, um den friedvollen und geordneten Übergang der Macht zu begehen. Wir sind Präsident Obama und der First Lady Michelle Obama dankbar für ihre großzügige Hilfe in dieser Zeit des Übergangs. Sie waren großartig.

Die heutige Feier hat indes eine besondere Bedeutung. Denn heute übertragen wir nicht nur die Macht von einer Regierung auf die andere, von einer Partei zur anderen – vielmehr nehmen wir Washington, DC, die Macht - und geben sie euch zurück, dem amerikanischen Volk.

Zu lange hat eine kleine Gruppe in der Hauptstadt unserer Nation die Früchte der Regierungsarbeit geerntet, während das Volk die Kosten tragen musste. Washington florierte - doch das Volk hatte keinen Anteil an diesem Reichtum.

Politikern ging es gut, aber die Arbeitsplätze gingen ins Ausland, und die Fabriken wurden geschlossen. Das Establishment schützte sich selbst, aber nicht die Bürger dieses Landes.

Ihre Siege waren nicht unsere Siege, ihre Triumphe waren nicht unsere Triumphe. Während sie in unserer Hauptstadt feierten, gab es für viele Familien in unserem Land kaum einen Grund zur Freude.

Das alles ändert sich jetzt – mit diesem Moment, in dem ich hier stehe, denn dieser Moment ist euer Moment: Er gehört euch. Er gehört all jenen, die hier heute versammelt sind, und allen, die im ganzen Land zusehen. Das ist unser Tag. Das ist eure Feier. Und die Vereinigten Staaten von Amerika, sie sind euer Land.

Wirklich wichtig ist nicht, welche Partei an der Regierung ist – sondern die Frage, ob unsere Regierung vom Volk kontrolliert wird.

Der 20. Januar 2017 wird in Erinnerung bleiben als der Tag, an dem das Volk wieder zum Souverän wurde. Die vergessenen Frauen und Männer unseres Landes werden nicht länger vergessen sein.

Alle hören euch jetzt zu.

Millionen von euch sind gekommen, um Teil einer historischen Bewegung zu werden, einer Bewegung, wie sie die Welt noch nie gesehen hat.

Im Zentrum dieser Bewegung steht ein entscheidender Gedanke: Dass eine Nation existiert, um ihren Bürgern zu dienen. Amerikaner wollen gute Schulen für ihre Kinder, sie wollen sichere Viertel für ihre Familien, und gute Jobs für sich selbst.

Dies sind richtige und vernünftige Forderungen einer aufrechten Öffentlichkeit. Aber für zu viele unserer Bürger sieht die Realität anders aus: Mütter und Kinder leben in Armut in den Innenstädten; verrostete Fabriken liegen verstreut wie Grabsteine in der Gegend herum. Ein teures Bildungssystem lässt unsere jungen und schönen Schüler ungebildet. Und schließlich sind da die Kriminalität, die Gangs und die Drogen, die so viele Leben und unser Land so viel Potenzial gekostet haben.

Dieses amerikanische Gemetzel hört auf, und zwar hier und jetzt.

Wir sind ein Volk – und ihr Schmerz ist unser Schmerz. Ihre Träume sind unsere Träume, und ihr Erfolg wird der unsere sein. Wir teilen ein Herz, eine Heimat und ein glorreiches Ziel.

Der Amtseid, den ich heute leiste, ist ein Treueeid für alle Amerikaner.

Jahrzehntelang haben wir die Wirtschaft im Ausland bereichert, auf Kosten der amerikanischen Wirtschaft.

Wir haben das Militär anderer Länder unterstützt, während wir es zuließen, dass unser eigenes Militär abgebaut wurde. Wir haben die Grenzen anderer Länder verteidigt und uns gleichzeitig geweigert, dasselbe mit unseren eigenen Grenzen zu tun. Und wir haben Billionen in Übersee ausgegeben, während die Infrastruktur Amerikas auseinanderfiel und verrottete.

Wir haben andere Länder reich gemacht, während der Reichtum, die Stärke und das Selbstvertrauen unserer Nation hinter dem Horizont verschwanden.

Eine Fabrik nach der anderen schloss oder zog ins Ausland um, ohne einen Gedanken an die Millionen amerikanischer Arbeiter, die zurückgelassen wurden.

Unserem Mittelstand wurde der Wohlstand entrissen und über die ganze Welt verteilt.

Aber das ist Vergangenheit. Wir schauen jetzt nur noch in die Zukunft.

Wir alle erlassen heute ein Gebot, das in jeder Stadt, in jeder fremden Hauptstadt und in jedem Regierungssitz gehört werden soll.

Von diesem Tag an wird eine neue Vision die Geschicke unseres Landes bestimmen.

Von diesem Moment an heißt es: Amerika zuerst.

Jede Entscheidung über Handel, Steuern, Zuwanderung oder Außenpolitik wird danach getroffen werden, ob sie amerikanischen Arbeitern oder amerikanischen Familien nutzt. Wir müssen unsere Grenzen vor den Angriffen anderer Länder schützen. Sie wollen unsere Waren produzieren, unsere Firmen stehlen und unsere Jobs vernichten. Diese Grenzen zu schützen, wird uns Wohlstand und Stärke bringen.

Mit jedem Atemzug werde ich für euch kämpfen – und ich werde euch niemals enttäuschen. Amerika wird wieder siegen, siegen wie niemals zuvor.

Wir werden unsere Jobs zurückbringen. Wir werden unsere Grenzen zurückbringen. Wir werden unseren Wohlstand zurückbringen. Wir werden unsere Träume zurückbringen.

Wir werden neue Straßen und Highways bauen, und Brücken und Flughäfen und Tunnel und Eisenbahnschienen quer durch unser wundervolles Land.

Wir werden unserem Volk wieder Wohlstand und Arbeit bringen – unser Land wieder aufbauen mit amerikanischer Arbeitskraft.

Wir werden dabei zwei einfache Regeln befolgen: Kaufe amerikanische Produkte, und stelle amerikanische Arbeitskräfte ein.

Wir werden ein freundschaftliches Auskommen mit den Nationen der Welt anstreben. Aber wir denken dabei stets daran, dass es das Recht einer jeden Nation ist, zuerst nach ihren eigenen Interessen zu handeln.

Wir wollen unsere Art zu leben niemandem aufzwingen. Sie soll ein Beispiel sein, dem andere folgen können.

Wir werden alte Bündnisse stärken und neue formen. Wir wollen die zivilisierte Welt im Kampf gegen den radikalen islamistischen Terror einen, den wir vom Antlitz der Erde tilgen werden.

Das Fundament unserer Politik wird die Treue zu den Vereinigten Staaten von Amerika sein, und durch diese Loyalität werden wir die Loyalität zueinander neu entdecken.

Ein Herz, das offen ist für Patriotismus, hat keinen Platz für Vorurteile. Die Bibel sagt uns: "Wie schön es ist, wenn das Volk Gottes in Eintracht lebt."

Wir müssen ehrlich miteinander sein und solidarisch. Wenn Amerika vereint ist, kann uns niemand aufhalten.

Angst muss niemand haben - wir werden beschützt, und werden immer beschützt sein. Beschützt von den großartigen Männern und Frauen unseres Militärs und der Ermittlungsbehörden, und vor allem: Beschützt von Gott.

Wir müssen groß denken, und noch größer träumen.

In Amerika glauben wir, dass eine Nation nur so lange lebendig ist, wie sie Ziele hat. Wir akzeptieren keine Politiker mehr, die nur reden und nicht handeln. Die ständig klagen, aber nie etwas gegen Missstände tun.

Die Zeit für solche hohlen Phrasen ist vorbei. Jetzt kommt die Zeit der Tat.

Lasst euch von keinem sagen, dass etwas unmöglich ist. Keine Herausforderung ist für das Herz und den Kampfgeist Amerikas zu groß.

Wir werden nicht versagen. Unser Land wird wieder blühen und Wohlstand erleben.

Wir stehen am Beginn eines neuen Jahrtausend, bereit, die Mysterien des Weltraums zu entschlüsseln, die Erde von Krankheiten zu befreien und die Energien und Technologien der Zukunft zu nutzen.

Ein neuer Nationalstolz wird unsere Seelen anrühren und unsere Meinungsverschiedenheiten überbrücken.

Es ist an der Zeit, sich an eine alte Soldatenweisheit zu erinnern: Ganz egal ob wir schwarz sind oder braun oder weiß – wir bluten alle das gleiche rote Blut der Patrioten. Wir genießen die gleichen glorreichen Freiheiten, und wir alle grüßen die gleiche, großartige amerikanische Flagge.

Und egal, ob ein Kind in Detroit oder in der Prärie Nebraskas geboren wird – beide schauen auf in den gleichen Nachthimmel, sie füllen ihre Herzen mit den gleichen Träumen, und sie empfangen ihren Lebensatem vom selben allmächtigen Schöpfer.

Amerikaner in Städten nah und fern, klein und groß, von Ozean zu Ozean, hört diese Worte: Ihr sollt niemals wieder ignoriert werden.

Eure Stimmen, eure Hoffnungen, eure Träume machen Amerikas Schicksal aus. Euer Mut, eure Güte und eure Liebe leiten uns für immer auf diesem Weg.

Zusammen machen wir Amerika wieder stark.

Zusammen machen wir Amerika wieder reich.

Zusammen machen wir Amerika wieder stolz.

Zusammen machen wir Amerika wieder sicher.

Zusammen machen wir Amerika wieder groß.

Vielen Dank. Gott segne euch, und Gott segne Amerika